Óndra Łysohorsky

Dort wo Karpaten an Sudeten rühren

Lachische Gedichte

Poesis ethnica 11

Poesis ethnica 11

Herausgegeben von
Carsten Eichenberger,
Rudolf Grulich
und Ortfried Kotzian

Óndra Łysohorsky

Dort wo Karpaten an Sudeten rühren

Lachische Gedichte

Gerhard-Hess-Verlag Ulm 1998

CIP-Kurztitelaufnahme der Deutschen Bibliothek:

Łysohorsky, Óndra:
Dort wo Karpaten an Sudeten rühren.
Lachische Gedichte.
Mit einem Vorwort von Rudolf Grulich.
(Poesis ethnica 11. Herausgegeben von Carsten Eichenberger, Rudolf Grulich und Ortfried Kotzian)
Gerhard-Hess-Verlag Ulm 1998.
ISBN: 3 - 87336 - 145 - 0

(Gerhard-Hess-Verlag Ulm 1998)
Redaktion: Eva-Maria Grulich

INHALT

Vorwort

Dort wo Karpaten an Sudeten rühren
Der lachische Dichter Óndra Łysohorsky

Kennen Sie die Lachen oder wissen Sie, wo lachisch gesprochen wird?
Große Europäer haben sich zum Lachentum bekannt wie der Komponist Leoš Janáček, vor allem aber der Dichter Óndra Łysohorsky. Gelegentlich wurde die Sprache auch als schlonsakisch bezeichnet oder abfällig als wasserpolakisch. Die Lachen tauchen auch unter Namen wie Schlonsaken oder Goralen auf.

Die Heimat der Lachen ist das malerische Gebiet der Beskiden und des Ostrauer Kohlereviers mit den landschaftlichen Kontrasten von unberührter bis zerstörter Natur. Diese Gegensätze und die dadurch entstandenen sozialen Konflikte sind auch Themen des poetischen Schaffens von Óndra Łysohorsky. Dort wo Karpaten an Sudeten rühren, dort liegt seine lachische Heimat, am Schnittpunkt polnischer, deutscher, tschechischer und slowakischer Kultur, in einem Teil Mittelosteuropas, den einst auch rumänische Wanderhirten, die Walachen, besiedelten. Ihre Tracht und Hausbauweise hat sich in den Beskiden erhalten.

Als Erwin Goy wurde Łysohorsky 1905 in Friedek geboren, die Mutter war eine Weberin, der Vater Bergmann und nach seiner Frühpensionierung Gärtner. Mit den Eltern und seinen acht Geschwistern sprach Erwin lachisch. Er besuchte das deutsche Gymnasium in Ostrau und studierte dann an der Deutschen Universität, wo er 1928 mit dem Thema Rainer Maria Rilke im Rahmen einer kulturphilosophischen Betrachtung promoviert wurde. Durch die Weltwirtschaftskrise arbeitslos, sammelt er zunächst Volkslieder in der Sprache seiner Heimat und schreibt seit 1931 seine ersten lachischen Gedichte und Balladen. Zwar hatte schon Leoš Janáček Lachische Tänze komponiert und der aus Troppau stammende schlesisch-tschechische Dichter Petr Bezruč lachische Themen aufgenommen, ja in seine Schlesischen Lieder auch lachische Lexik und Syntax integriert, doch Erwin Goy, der sich nun Óndra Łysohorsky nennt, macht die lachische Mundart zur Literatursprache. Er wählt seinen Dichternamen nach der Lysa Hora, deutsch Lissa, der mit 1325 Metern hchsten Erhebung der Beskiden und nach dem Räuber Ondraš aus dem 18. Jahrhundert. Der damals bedeutendste Literaturkritiker der Tschechoslowakischen Republik, F. X. Salda, schreibt das Vorwort für Łysohorskys ersten Gedichtband „Die singende Faust", der Aufsehen erregt, weil Łysohorsky auch das Nachwort in Lachisch verfaßte und von einem Volk der Lachen mit zwei Millionen Menschen spricht auf beiden Seiten der polnisch-tschechischen Grenze. Die aus Deutschland geflüchteten Emigranten in Prag schreiben über Łysohorskys Lyrik und stellen sie dem deutschen Publikum vor. Paul Eisner nennt die Gedichte „knirschende Beweinungen, zornige Proteste, die Kadenz des Volksliedes. Die Schulung an der Volksballade mit ihren knappsten Gefällen gibt Łysohorskys Liedern eine außerordentlich wuchtige Prägnanz, gibt ihrem Inhalt die überliterarische überzeugungskraft krasser Lebenswahrheit. Der Bezruč- Übersetzer Rudolf Fuchs hebt die klare politische Zielbewußtheit hervor. Łysohorsky reklamiert die Unabhängigkeit des Lachischen sowohl von der tschechischen, als auch von der polnischen Sprache, als deren Dialekt sie bisher gegolten und abgetan wurde. Das Industriekapital, welches das Land ausbeutet und die Massen sozial niederhält, wünscht nicht, daß der Arbeiter sich seiner nationalen Eigenart bewußt werden Lysohorsky war seit 1930 Lehrer in Kremnitz, Preßburg und Tyrnau, also in der Slowakei, seit dem Schuljahr 1935/36 bis zu seiner Entlassung 1939 in Ostrau.

Als 1935 ein zweiter Gedichtband erscheint, sind neben Rudolf Fuchs und Paul Eisner auch F. C. Weiskopf und Walter Hart unter den Übersetzern. Deutsche Übertragungen erscheinen 1935 bereits in Moskau, wohin Łysohorsky 1939 emigriert. Nach Hitlers Überfall auf die Sowjetunion wird der Dichter nach Zentralasien deportiert. Auch hier schreibt er in der Steppe und Wüste, in den islamischen Städten Taschkent, Buchara und Samarkant in lachischer Sprache. Neben den oben genannten Übersetzern sind es nun auch Klara Blum, Hugo Huppert und Erich Weinert, die seine Poesie ins Deutsche übertragen. Ins Russische übersetzen ihn Marina Cvetajeva und Boris Pasternak. Łysohorsky wendet sich im Früher 1944 in einem Brief persönlich an Stalin und trägt ein Konzept lachischer Autonomie vor. Stalins Sekretär empfängt ihn zweimal. Am 23. November 1944 wird er im Beisein großer Dichter mit einem eigenen Schöpferischen Abend geehrt. Im Moskauer Rundfunk hält Łysohorsky lachische Ansprachen. Im Allslawischen Komitee ist er lachischer Vertreter. Doch bei der Aufteilung Mitteleuropas werden die Lachen nicht berücksichtigt und in der Tschechoslowakei wird Łysohorsky aus politischen Gründen totgeschwiegen, sein erstes Buch kann erst wieder 1958 gedruckt werden. Übersetzungen erscheinen aber 1960 in der DDR und in der Schweiz, wo er sogar für den Nobelpreis vorgeschlagen wird. Manche seiner Lieder werden vertont, Gedichte ins Slowakische, Deutsche, Englische, Französische und Neugriechische übertragen. Dennoch bleibt er ein „Dichter im Abseits", wie Günter Wytrzens zu seinem 75. Geburtstag schreibt.

Łysohorsky stirbt am 19. Dezember 1989. In Deutschland haben sich seiner vor allem Pavel Gan, Jiří Marvan und Felicitas Rohder angenommen, die seine „Lachische Poesie 1931-1976" im Original und in deutschen Nachdichtungen 1989 herausgaben. Sie wollten damit „Literaturwissenschaftlern, Linguisten, Kulturpolitikern und nicht zuletzt Verlegern die Komplexität der Poesie Óndra Łysohorskys und den Stellenwert seines Werkes in der slawischen und deutschen Literatur verdeutlichen" (Peter Gan).

Dies will auch diese kleine subjektive Auswahl. Die Gedichte folgen in der Reihenfolge ihres Entstehens. Die jeweiligen Übersetzer sind am Schluß aufgeführt. Das kurze erste Gedicht „Prolog" soll anhand des Originals und verschiedener Übertragungen aufzeigen, wie schwierig eine Übersetzung ist.

Man hat Łysohorsky nach seinem ersten Gedichtband 1934 Regionalismus vorgeworfen. Heute ist Regionalismus eine Hoffnung für Europa, in dessen Mitte die Heimat des Dichters liegt: „Schlesien. Mitte Europas", schrieb er 1973. „Über Europa kreist mein weiter Blick als Funke deiner Mitte, mein Europa".

Die vorliegende Auswahl enthält neben seinen sozialrevolutionären Gedichten auch Liebeslyrik und Naturschilderungen. Lachische Poesie ist nicht auf Goralen-Romantik beschränkt, sondern zeigt auch das soziale Elend jener Zeit und jener Region.

„Man kann Łysohorskys Zukunftsvisionen und das in ihnen ausgedrückte Programm als verblendete Utopien ablehnen, man kann die outierten Zielsetzungen seines separatistischen Regionalismus als tröchte Verirrung beklagen, aber man kann nicht leugnen, daß hier mit neuen Mitteln und anders als bei Bezruč kollektive Dasein und Schicksal gesehen, erlebt, erlitten und erlebt wurde", schrieb Paul Eisner am 17. Februar 1934 in der Prager Presse.

Seit der Wende 1989 hat der grenzüberschreitende Regionalismus auch im Osten einen neuen Klang. 1994 hat ein Brünner Programm des INTEREG (Internationales Institut für Nationalitätenrecht und Regionalismus) eine Charta gentium et regionum Europae erarbeitet. Möge auch das lachische Land in einem „neuen Zeitalter der Demokratie, des Friedens und der Einheit" (Charta von Paris für ein neues Europa 1990) Föderalismus und Selbstbestimmung erfahren.

Rudolf Grulich

Prolog

Wychodzi słónco na wychodźe.
Už pérwši iskry swjéćo nóm.
Pola wołaju po obrodźe
a otwjéraju śe urodźe
a welky dzéň už idze k nóm.
April 1931

Prolog

Im Osten geht die Sonne auf.
Schon leuchten uns die ersten Strahlen.
Die Felder rufen nach Befruchtung
Und öffnen sich den Frühlingssamen.
Ein großer Tag weckt unser Land.
Übertragung Ó. Łysohorsky

Prolog

Der Morgen dämmert auf im Osten.
Entfacht ist schon der Himmelsbrand.
Die Pflüge wollen nicht mehr rosten,
die Felder wollen Samen kosten,
der große Tag rollt schon ins Land.
Nachdichtung Rudolf Fuchs

Prolog

Im Osten fängt es an zu tagen.
Rot leuchtet schon des Morgens Schein.
Die Felder wollen Saaten wagen,
die Felder wollen Ernte tragen.
Der große Tag zieht strahlend ein.
Nachdichtung Walter Hart

Meiner Mutter

Du liegst im Sarg. Wer wagte dich zu stören,
wenn du den ersten längern Schlaf in deinem Leben tust?
Was war dein Leben? Um uns zu ernähren,
hast du des Nachts genäht, hast für neun Gören
den Weg zum Pjetwolder Konsum gemacht, den schweren,
auf heißen Felder Raps gemäht und Ähren.

Du hast zu mir nur Weniges gesprochen.
Ich hört dich bloß die alten Lieder singen,
die Lachenlieder, die so traurig klingen.
Uns ist der Kahle Berg ins Blut gekrochen!
In meinem Kinderherz sich alle Lieder fingen,
ein neues Lied begann im Blut zu schwingen.

Du liegst im Sarg. Ich fange an zu singen,
wo du geendet hast mit deinem Lied.
Wo du gewirkt hast, muß ich mich auch verdingen,
in der Fabrik, im Berg, im Ostrawitza-Ried.
Des Sommers geh ich meine schwere Sense schwingen
Und hör die Mutter, meine Mutter singen.

1932

An den Vater

Dein erster Tag: verlebt in Glut und Schacht.
Des Lebens Inhalt: Hammerschlag und Nacht.

Du mußtest unter Sucha und Karwin,
ein starker Maulwurf, schwarze Stollen ziehn.

Und Tag für Tag hinab in Tod und Brand.
Nie hast du Zimmer, Tisch und Bett gekannt.

Ein hartes Brot und Fleisch mit Essigsaft
war Öl für dich und gab dir neue Kraft.

Dein Lager rings umdrängt von Felsenzacken
Bei den Zyklopen, die die Kohle hacken.

Wann fandst du Zeit, zu ruhn bei einem Weib?
Ich wuchs aus deinem eisenharten Leib.

1932

Meine Harfe

Meine Harfe ist das schlesische Land:
beskidische Hütten, Berge und Wälder,
Fabriken, Ströme, Rauch und Brand
und Qualm und Blut und Schächte und Felder.

Meine Harfe umspannt den Norden und Süden,
Meine Harfe hat Saiten in aller Welt,
wo eben ein Arbeiter stirbt und fällt
und wo man sich sehnt nach den ersten Blüten.

1932

Ballade auf den Ostrauer Halden

An Petr Bezruč

Vierzig Jahre nach Kohle gegraben,
vierzig Jahre Hunger und Not.
Vierzig Jahre im Felsen begraben,
vierzig Jahre Blut und Tod.

Vierzig Jahre zerschundene Leiber.
Sie wußten genau, für wen sie geschafft.
Vierzig Jahre lang sahen sie Weiber
und Kinder vom Hunger dahingerafft.

Vierzig Jahre voller Schrecken.
über die Halden geht der Wind.
Und droben sammeln die Kohle in Säcken
die Söhne, die ohne die Arbeit sind.

Der Winter kommt näher. Und Lob gibt es keinen.
Die Halden sind öd und erfüllt von Weh.
Und niemals entsteht die Kohle aus Steinen.
Was schadet den Herren Winter und Schnee?

Vierzig Jahre nach Kohle gegraben,
vierzig Jahre Hunger und Not.
Vierzig Jahre im Felsen begraben,
vierzig Jahre Blut und Tod.

1932

Ballade von der Rationalisierung

I.
Vierzig Schächte gab es dort in den Beskiden.
Hunderttausend Hände gruben ohn Ermüden.

Die Maschine zahlt man aus den vollen Kassen.
Jeder zweite Bergmann muß den Platz verlassen.

Fünfzigtausend Fäuste, die das Nichtstun spreitet.
Fünfzigtausend Fäuste, die das Elend weitet.

II.
Sechs Tage die Arbeitswoche umfaßt.
Vier Tage halten die Gruben Rast.

Zwei Tage treibt die Maschine das Werk,
braucht Hände nicht, häuft Berg an Berg.

Wo Muskel sich straffte und sehnige Hand,
schwirrt monoton jetzt das stählerne Band.

Es braucht keiner Augen, um von der Stell
zu heben, zu tragen und wenden sich schnell.

Wo es nach Schweiß roch und Pferdeduft,
wirkt Öl, Benzin und gepreßte Luft.

Wo holpernd kreischten die Karren vorbei
schweift betoniert jetzt der Stollen frei.

Wo der Häuer mit Blut die Arbeit bestritt,
zersägt jetzt die Blöcke der eiserne Schnitt.

III.
Hunger und Elend, wer ließ sie herein?
Die Maschine fühlt keine Seelenpein.

Bald Glück, bald Unglück ist's, das sie gebiert.
Wichtig allein ist, wer sie führt!

Wann wird nicht mehr nach Schuld gefragt?
Wenn der Arbeiter Mein! zur Maschine sagt.

Wenn Mann zu Mann sich lächelnd neigt,
wie der Regenbogen am Himmel steigt,

nicht Angst und Qual, doch Lust des Seins.
Wir alle: schöpferisch und eins.

1933

Ballade vor Mitternacht

Schnee liegt auf weißen Feldern schwer,
Mädchen, ich seh euer Lächeln nicht mehr.

Unser Lächeln in Bergesquellen rinnt,
von unsrem Kummer weiß wie der Wind.

Still wie ein Grab sind Schächte und Stollen.
Leute von Ostrau, was soll euer Grollen?

Die Erde erträgt nicht das Lied von Stahl.
Die Halden gebären Hunger und Qual.

Schlesische Mädchen, Gewitter naht.
Wann greift ihr, Bergleute, zur Tat?

Im Eisen härtet sich jede Hand.
Der Kelch des Leids ist bis voll zum Rand.

Seht ihr ins Land den Schatten greifen?
Gibts Ernte? Ich hör Sensen schleifen?

Ja. Ernte naht. Ein Donner kracht.
Ein gelber Blitz fährt durch die Nacht.

1933

Warja Ter-Keworkow

Sie hatte dunkle Augen.
Vor uns lag das ewige Rom.
Mein Blut begann Lieder zu singen.
Die Wirklichkeit wurde zu Rauch.

Welches Schicksal fiel uns in den Schoß?
Ich küßte den roten Mund.
Verzaubert war der Becher Wein.
Ohne sie ist die Welt eine Wüste.

April 1933

Die lachische Stimme

Stumm wie der Fels sich lachische Stimme nicht regt.
Doch gibt es Leid, das auch die Felsen bewegt.
In hundert Jahren einmal sie sprechen lernte
und diese Ähre ist mehr als sonst die Ernte.

1933

Marsch der Millionen

Wir haben im Leben nur Tod und Beschwerde.
Den Tod sehen wir über und unter der Erde.

Verschüttete schleppen wir aus den Schächten.
Erschossene begraben wir in den Nächten.

Hart werden die Fäuste von Tod und Beschwerde.
Unter unseren Schritten donnert die Erde.

Es stoßen zu uns, die in Kriegen zerschossen.
Es steigen aus Gräbern Millionen Genossen.

Wer starb für das Recht, wird zur Seite uns schreiten.
Wie drohnde Gewitter hinrollen die Zeiten.

1933

Epilog

Was kommen mag, steh fest in deinem Ich.
Der Wahrheit gilt dein Leben. Hieb und Stich.
Den Blick nach vorn. Die Ziele halte wert.
Dein brennendes Gewissen sei ein Schwert.

1933

Bezruč und Łysohorsky

Blutmischung in deinen Adern.
Väterlicherseits von Troppau.
Wir verstehen: Du schufst die Brücke
zu der Mutter aus dem Böhmerwald.

Meine Mutter und mein Vater
stammten nicht aus tschechischem Blute.
Ihre Ahnen rackerten sich
in Feld und Schacht des Teschenerlandes.

Die Brücke künstlich und verrostet
nimmt die Kohle, fängt die Seelen.
Diese Brücke ist mir fremd.
Die Welt ruft aus der Ostrawitza.

1933

Die Blumen

Ich kenne dich und deine Seelennöte.
Der Weg zu dir ist hart und ohne Blumen.
Sag, liebst du mich? Dann setz in deine Beete
glutrote Malven zu den Sonnenblumen.

Vor deinem Fenster steh ich eines Tages,
es schwebt durchs Feld der Ton des Glockenschlages.
Was schlägt mein Herz in stürmischem Erwarten?
Die Blumen sehn mich an aus deinem Garten.

Aus Teschen, Ratibor geh ich auf herben,
zerfurchten Pfaden, wo Lieder verstummen.
Mein Heimatland liegt überall im Sterben,
die roten Malven und die Sonnenblumen.

In ihnen singt mein Blut und meine Schmerzen.
Willst du, daß ewig dich mein Lied umweht?
O still die Bangigkeit in meinem Herzen
und setzt zwei Malven in dein Gartenbeet.

1933

Mädchen an den Straßenecken

I.
Unsre feinen Kleider sind Lockmittel bloß.
An den Ecken verkaufen wir unseren Schoß.

Vorbei gehen Damen mit feinen Gebärden.
Weil sie reich sind, konnten sie Mütter werden.

Ihr Glanz hat uns in den Dreck gestellt.
Nur unsre Leiber sind unser Geld.

II.
Die Burschen wühlen in uns wie im Schacht
Wie Pflüge auf brache Äcker gebracht.

In Gluten und Frösten gehn wir zu Ende.
Und früh verwelkt sind Brust und Lende.

Wo ist unsre Schuld? Was harrt unser noch?
Der Tod in der Gosse. Das Grab im Loch.

III.
Wie viele Tausende Kinder liegen
im warmen Schoß und in weißen Wiegen?

Wie viele Tausende Mütter fragen
nach der Zukunft der Kinder, die sie tragen?

Bei mir hat auch eine Mutter gewacht.
Doch hat sie an das, was ich jetzt bin, gedacht?

1933

Hymnus an das Leben

Für Leoš Janáček

Zum Lied laß mich formen die Heimaterde,
wo Wege zerwühlt sind unter den Birken,
wo flimmernde Weiden die Augen durchwirken;
und dann: des Sämanns Schöpfergebärde.

Und Städte auf Hügeln und Städte an Flüssen,
in sich gekehrt und neugierig staunend,
und Fluren, von schwarzen Geheimnissen raunend,
und Berge, die von den Wolken wissen.

Fabrikskolonien mit der Sonnenblume,
die über den Zaun sieht, und Menschen, elend,
im hungrigen Sterben die Blumen entseelend.
O leg ins Herz mir die heimische Krume!

1934

Das Lied vom roten Mohn

Wird das lachische Land ohne Hunger einst sein,
hört's in meinem Lied seinen Rhythmus und Reim.

So wie weitwo lächelt des Menschen Gesicht,
gibt Ostrauer Kohle ihm Wärme und Licht,

wird uns auf den Tisch weißes Brot dann gestellt,
gewachsen auf einem fremdländischen Feld,

und Fische, die fern in den Salzmeeren wimmeln,
und Früchte, gereift unter tropischen Himmeln.

Wenn sich biegt unser Tisch ob der Mahlzeiten Last
und sich bei uns niederläßt Gast einst um Gast,

der Grüße uns bringt von den fernen Brüdern,
die froh uns den Lichtgruß aus Ostrau erwidern,

da mag sich wohl einer erinnern, in welch
Nachtdunkel mein Lied einst erblüht wie der Kelch

des blutroten Mohns, der den Steingrund durchbricht.
Damals warn die Bergleut ohne Brot, ohne Licht

und starrten, den Kopf in der Fauste Keil,
ins Leben: ein Abgrund nur, finster und steil.

1934

Mittag

Am Bach die Schatten zitternd weben.
Mohn steht im Feld, das reif zum Schnitt.
Der Mittag naht mit schwerem Schritt.
Am Himmel weiße Wolken schweben.

Mein Blick umirrt die Häuserfront,
Kamine grau am Horizont.
Mein Herz ist rings von Stadt umkrampft,
von der Mansarde Wucht zerstampft.

Wann kommst du? Blond, mit weißer Hand,
in deinen zarten Formen klingen
Getreidewogen leis und lingen
in weißem Kleid und rotem Band.

1934

Frühling im Herbst

Melonenfülle bricht das junge Weib,
das Kleid gestrafft von junger Fülle.
Akazien stehn schon in gelber Hülle.
In frühlinghaftem Sommer steht dein Leib.

Spätsommernebel überm Flusse hangen.
Die Buchen erglühn in den ersten Flammen.
Auf Drähten sitzen die Vögel beisammen.
Du bist im Sturmschritt durch mein Blut gegangen.

Schon löst der Ackererde Duft sich los
und fällt in heiße Nächte schwer.
Die Vögel ziehen übers Meer.
Ich lege meinen Tag in deinen Schoß.

1934

In der Ukraine

Wogen, Wogen, gelbe Wogen,
alle Weiten gelb umflogen,
gelbes Meer verschlingt das Grüne.
Sonnenblumen, Ukraine!

Wogen, Wogen, Wogen fächeln;
blonder Mädchen helles Lächeln;
schwarze Erde, goldne Düne,
rote Tücher, Ukraine!

Nirgends ist die Welt so lichte,
voller Blüten, voller Früchte,
sind wie Sonnenblumen, glühnde,
deine Frauen, Ukraine!

1934

Abendsegen

Zwei Kühe, müde, abgehetzt und mager,
zwei Mädchen, abgehärmt, verweint und hager
ziehn einen Pflug auf kleinem, hartem Gute.
Der schwarze Bauer schwingt die Peitschenrute.

Was ist hier Mensch und wo beginnt das Vieh?
In schwerer Not das Lachenland aufschrie.
Die Leiber, die nichts aßen, kraftlos schwanken,
und sehn nicht, wem sie ihre Not verdanken.

Doch nebenan in Villen mit Terassen,
mit Rosenbeet und kiesbestreuten Wegen,
sitzen die neuen Herrn, vergnügt, und prassen.
Vom Hügel tönt des Glöckleins Abendsegen.

1934

Eine in allen

Euch sehe ich bleich an den Maschinen stehen,
vielleicht wird man euch morgen schon verjagen;
euch seh ich blutend durch die Felder gehen,
zu Hause schreit ein Kind mit leerem Magen.

Euch seh ich, wenn nach langem Weg von Steinen
das Geld euch für die Apotheke fehlt;
euch seh ich oft in bangen Nächten weinen,
indes der Mann im Wirtshaus trinkt und gröhlt.

Euch seh ich kotbespritzt die Steine heben,
wenn ihr den Grund für neue Villen grabt;
wenn sie euch peitschen durch die müden Leben
und ihr seit Wochen keine Arbeit habt.

Was seh ich eure Wunden Tag und Nacht?
Was plagt mich euer Schmerz mit scharfen Krallen?
Was hat mich bis zur Raserei gebracht?
Ich sehe meine Mutter in euch allen.

1934

Verwandlung

Türen und Fenster öffnen sich breit.
Ins Zimmer atmen die Fernen weit.

Zersprungenes Grab deinen Körper zwingt.
In Wiesen der Wind wie in Saiten singt.

Was pflücke ich dir der Feldblumen Duft?
Dein Atem: das Wasser, die Erde, die Luft.

1934

Auf der Flucht erschossen

An der Kaserne, hinter dem Zaun,
erschossen sie mich im Morgengraun.

Dann traten sie mir die Zähne aus.
Betrunkenes Lachen kam aus dem Haus.

Sie löschten ihrer Zigarren Glut
in meiner Wunden sickerndem Blut.

Auf meinem Grab wird kein Blümchen sein.
Sie scharrten mich hinter der Planke ein.

Im Morgenrot traten sie fest den Sand
Und die Zeitung schrie eine Lüge ins Land.

Hört niemand mein letztes Stöhnen, Genossen?
Ich war ein Arbeiter, den sie erschossen.

1934

Aus Ostrau nach Teschen

Fördertürme
ragen
gleich Galgen.

In der Luft lauert
ein Wald von Kaminen
gleich einer Batterie
hungernder Kanonen.

Zwei beschlagene Stiefel
schlagen Funken
gegeneinander
über dem lauernden
Pulverfaß.

1934

Hultschin

Ich sehe dich in reifer Ernte.
Verstaubte Straßen. Himmelsblau.
In Gräben strahlt der Löwenzahn,
auf Straßen liegen Hakenkreuze.

Als Hintergrund der Fördertürme
der blaue Streifen der Beskiden.
Verstaubt lieg ich im Löwenzahn
und blicke auf ein Hakenkreuz.

Dieses Papier, wer hat es geschnitten?
Und welche Mutter hat es gelächelt?
Vergiftete Luft, vergiftete Erde,
vergiftete Wege nach Hultschin.

1935

Hruschauer Teiche

Im schwarzen, schmutzigen Land der Reinheit Lächeln,
Hauch, kühl den fieberheißen Leib zu fächeln.
Im Himmelsspiegel ruhn die Stunden all,
im Quell der Stille ferne dröhnt ein Hall.

Wirbelnd die Wildgans Wellenkreise zieht
wie Schatten, ganz verschlafen und pastellen.
Im gelben Schlaf die Mittagssonne glüht,
silbern den blauen Tag zu überhellen.

Dunkel der Himbeerduft am Grabensaum,
durch Schimmelrinnen rieselt träge Flut,
leis die Libelle rauschte auf im Traum
des Schilfs. Nun träumt auch sie und alles ruht.

1936

Lachisches Land

Mein Land, verratenes Paradies,
Goldgrube für Fremde.

Schatten knochiger Sklaven,
die keine Verzweiflung meidet.

Friedhof verwelkter Hoffnungen.
Die Kreuze sind alt, die Inschriften neu.

Versprechen paradiesischer Freude
für abgerackerte Knochen.

1937

Petr Bezruč

Roter Blitz auf schwarzem Himmel gellt ein Ruf über die Lyso
Hora.
Rote Sonne ergebt sich vom Osten in schwärzeste Nächte.
Bald wird sie glänzen wie Gold am kristallenen Blau.
Dein roter Ruf wird leben.

Wird schrein als Mohn in gelben Feldern,
wird flackern in roten Fahnen am Festtag der Arbeit,
wird abends in den Sternen entbrennen,
wird richten das Gewissen einer Welt,
die stirbt.

1937

Schlesien

Schlesien. Mitte Europas. Stahl und Koks und Kohle.
Geleise führen uns nach allen Seiten
und aus dem Eismeer zu Palmen am stillen Kanal.
Aus unserem Land ziehn Blumen in die Runde.

In Wüsten fand ich eine neue Quelle.
Aus schwarzem Schmutz wuchsen mir weiße Flügel.
über Europa kreist mein weiter Blick
als Funke deiner Mitte, mein Europa.

1937

Vorfrühling

Kommt auch der Lenz zur Welt, ich bliebe ungeboren,
wenn deine Hände nicht sängen.
Schon dringt ein Blühn durch Winter mir zu Ohren
und aus dem Schnee der Wiesen drängen

sich Krokusblüten mit verschlafnen Blicken,
Traum, den die Erde aus den Augen reibt.
Der Himmel blaut, noch müde, überm Rücken
der Weide, die schon junge Kämme treibt.

Der Wind ist Hauch von ungesprochnen Worten.
O schmilz den Winter, der den Frühling zwingt!
Bald weck ich tausend Lieder allerorten,
die meine Laute bis zum Winter singt.

1937

Herbst über der Donau

Wie mit den schlanken Gerten spielte
der Wind mit deinem Haar.
Den Frühlingstag durchreifte schon
der Herbst, der in dir war.

Derselben gelben Tische Spiel,
derselben Brücke Filigrane;
ins Echo fernen Möwenschreis
fällt dumpf eine reife Kastanie.

Dasselbe Buch liegt aufgeschlagen,
ganz wie es damals war.
Die Verse sind stumm, der Wind spielt mit ihnen
wie einst mit deinem Haar.

1937

Höderlin

An Otokar Fischer

Insel des Lichts, wo die Morgen
im Schatten des Abends verschwimmen,
Insel der reinsten Quelle der Welt, die
zur Sonne emporruft
auf dunklem Weg durch die Wurzeln des Lebens,
Insel der harten Früchte, der Reife,
aus der am kühlen Mittag die Blüten fallen,
an denen der erste, zarte
Morgentau schimmert.

1937

Mein Herz

Mit Stricken die Hände gebunden,
dann haben sie mich geschunden,
aber mein Herz,
das konnten sie nicht verwunden.

Mein Herz ist das lachische Land,
mein Herz ist das lachische Land,
aus meinen Herzen sprießt
roter Baum trotz Feuer und Brand.

Mein Baum wird Früchte tragen,
mein Baum wird Früchte tragen,
tief unten die Quelle fließt,
aus der sein Saft geschlagen.

1937

Lächeln

Du sagst, mein Acker ist klein?
Das Jahrhundertschicksal pflügt ihn.
In den kleinsten Muscheln hörst du die Skalen,
in welchen Ozeane rauschen.

Wasserreich wie der Amazonas strömen die lachischen Flüsse nicht.
Die Beskiden lagen nicht hoch, dem Himalaja gleich, zum Himmel.
Doch auch in meinem Lande
blicken die Menschen mit Grauen
auf die Berge des Elends, die über der Brotschnitte ragen.

1941

Ballade von den Krähen

Als noch in der Mutter Schoß du geruht,
standen die Fahnen der Ukraine in Glut.
Nichts wußtet ihr, als sie dich geboren,
von einem Grab, hinterm Dnjestr verloren.

Im Schulatlas sahst du das weite grüne
fruchtbare Land der Ukraine.
Klein wiegte ein Bäumchen im Winde sich;
draus schnitten sie nun ein Kreuz für dich.

Und als du geschwitzt an den Schmiedepressen
und als du beim Bier mit der Liebsten gesessen,
da lauerten schon auf das blutge Geschehen
die uralten ukrainischen Krähen.

Und eine ist schon als Bräutchen gekommen
(Hat je deine Liebste vom Dnjestr vernommen?)
Sie hocken auf allen Kreuzen im Feld
und schreien unheimlich vom Hunger der Welt.

Viel Brautbetten gibts von der Dwina zum Pruth.
Sie trinken zu den Hochzeiten Blut.
Nicht Tausende, nur Millionen schwärmen
aus Rußlands Steppen und schreien und lärmen.

Sie flattern zum üppigen Hochzeitsfest
bei Luzk, bei Kowno, bei Ostrow, bei Brest,
am Njemen, am Bug, am Pruth, an der Dwina,
bei Borissow, an der Beresina.

Sie schrien im Juni, sie schrein im September,
mit Schreien begrüßen sie den Dezember,
sie schrein in des Frühlings blutiges Grauen.
Und mit ihnen schreien die Mütter und Frauen.

Millionen Gräber, Millionen Krähen!
Kein Ende! Schon drängen sich neue Armeen,
die nicht zum Pruth und zur Dwina ziehn;
sie drängen auf Wien, auf Prag, auf Berlin.

Und es schrien die Krähen am Rhein, an der Seine,
in Mailand, in Brüssel, im Haag, in Athen,
in Marseille, in Narwik, in Graz, in Verona,
sie schreien von Riga bis Barcelona.

Die schwarzen Schwärme schrien nach Beute;
denn alle waren sie hungrige Bräute;
und alle suchen als Hochzeitsfutter
den deutschen Sohn einer deutschen Mutter.

Sie spielen auf Telegrafendrähten
ein Totenlied über verdunkelten Städten.
Und über Europas Türmen und Mauern
Fallen sie nieder in schwarzen Schauern.

Sie werden nicht eher Ruhe haben,
bis sie den letzten Soldaten begraben.
Dann werden sie wie Gespenster erscheinen,
wo Frauen und Mütter klagen und weinen.

Sie werden an ihre Fenster schlagen,
sie werden an ihrem Gewissen nagen:
Hast du für ein frühes Grab ihn geboren,
das Bett ihm gemacht in Steppen und Mooren?

Du, Mädchen, ließest ihn von deinem Munde,
daß er nun vermodert am Meeresgrunde?
Und jede Krähe schreit in die Nacht:
Deutschland, wer hat dir den Fluch gebracht?

1941

Herbst in Samarkand

Wie einst der Hordenzug des Dschingis-Khan
durchtobt der Sturm die herbstliche Oase,
herbstgolden, blutrot bricht der Morgen an.

Lehmmauern überflattert Blatt um Blatt,
das schwere Blättergold der Ahornbäume,
verwirrte Vögel, singend, flügelmatt.

Wohin wird dieses, jenes Blatt verwehn?
Wie oft hat Navoi einst dagestanden
und in der Wüste weit hinausgesehen?

Die goldnen Gärten seines Samarkand
durchblies der Wind wie Schalen voll von Früchten
und blies ihr Gold auf den Wüstensand.

Und nach Jahrhunderten das gleiche Gold,
die gleichen Weiten. Wie der gleiche Sturmwind
an mir vorbei ins Unbekannte tollt,

hat er ein Ahornblatt mir zugeweht
aus irgendeinem unbekannten Hofe,
darin ein Baum mit gelben Blättern steht.

Fünfhundert Jahre - nur ein Schritt sind sie
am ewig-weiten Wanderweg der Dichtung.
Hier steht er, nah und lebend, Navoi,

und dreht in seiner sonnengebräunten Hand
ein gelbes Blatt. Und sieht ihn blutig wüten,
den Todessturm aus fernem Abendland.

Wie viele Früchtegärten er zerschlug,
die still dem Morgenlicht entgegenreiften,
die Navoi so tief im Herzen trug.

Die Hand, zu schwach fürs Schwert, dreht immerfort
das Blatt. Und mächtig bildet seine Seele
ihr großes Wunderwerk, ihr Dichterwort.

Das Wort, das diese Todeszeit durchschaut,
hindurchbricht durch die Horden der Vernichter,
den Morgen findet, der dahinter graut,
so rein und flammenglühend wie der Dichter.

1941

Du

Zum Worte Du find ich heut keinen Reim.
Es reimt sich heute stets nur mit sich selber.
Nichts find ich heute zwischen Welt und Himmel,
was vor dem Du sich nicht in Rauch verwandelt.

Dein Haar - die Frühlingsweiden überm Wasser,
dein Blut - das Reifen einer Sommernacht,
dein Sinn - die Kerne herbstlich reifer Früchte,
Frost, wenn sich etwas Fremdes in uns drängt.

In unsre Welt. Drin blühen Zauberblüten,
die mit dem Glanz des Geistes Zeiten trotzen,
dort, auf Europas üppig bunter Wiese.

Und unsre Welt wird Welten überdauern,
obwohl im Chaos mächtige Felsen wanken
im Grauen der unerbittlich nahen Sintflut.

Taschkent 1942

Die Fessel reißt

Der edelmütige Brigant und Bauernbeschützer Ondrasch lebte im 18. Jahrhundert und ist zur legendären Heldengestalt des ostschlesischen Dorfes geworden.

Dort, wo Karpaten an Sudeten rühren,
wie Vers und Vers im Reim zusammenfand,
die Oderwellen fern die Donau spüren,
reichst du den Bergschnee hin den Wolkentüren
und Ostraus trüben Rauch, mein Lachenland.

Ich reifte in Neapels Sonnentagen,
in Leningrads zartschimmernd weißer Nacht,
ich trank in Paris mit Augen voller Klagen
und sah in Samarkand Moscheen ragen,
doch stets hielt mich mein Land in seiner Macht.

Das Schloß von Friedeck, schwarz auf Felsenhöhen,
späht weit ins Land, die Ostrawitza braust.
Zerzauste Föhren, die es dicht umstehen,
sie lassen nur der Türme Spitzen sehen,
als hebe drohend jeder Turm die Faust.

Einst birst das Schloß mit Türmen, Sälen, Gängen,
doch in die Ewigkeit, mein Lied, kerb ein
den einen finstern Raum, den winzig engen,
an dessen Wand des Gitters Schatten hängen,
den Raum, gebaut aus Lyso-Hora-Stein,

die Tür vom Holze der Beskideneichen
Und dennoch riß sich Ondrasch mächtig los,
die Fesseln sprengend wie mit Äxtestreichen,
durchmaß den Hof, im Lauf, im sturmesgleichen,
und trank die Freiheit, tief im Waldesschoß.

Es sprüht durch jeden Strauch von Zornesblicken,
die Partisanen werden mehr und mehr.
Es wächst ein Wald von Flinten, Äxten, Picken.
Die deutschen Herren, die das Land bedrücken,
wie Hasen jagt sie Ondrasch vor sich her.

Die Zeit mag neue Fahnen heben, senken,
doch Ondraschs Bild bleibt tief ins Land geprägt.
Er wird, gehegt in seines Volks Gedenken,
all seine Wunderkraft den Volke schenken,
wenn endlich die ersehnte Stunde schlägt.

Für wen ist heut mein Land ein Land von Knechten?
Keucht schwer der Gießer dort am heißen Stahl,
müht sich der Hauer in den finstern Schächten?
Für stummen Tod in schwarzen Kerkernächten,
für Ströme Bluts, in Blut getauchte Qual.

Lachische Wagen fahren an die Fronten -
du tiefstes Wundmal, eingedrückt vom Joch! -
Lachische Bomben wüten an besonnten,
an fernen, freundlich lichten Horizonten.
Und noch ein Güterwagen, noch und noch.

Allein die Stunde kommt. Und die Maschinen,
sie halten machtvoll ein, es stockt der Kran.
Kein Rauch steigt mehr aus den Fabrikkaminen,
und tief im Bergeswald, im alten kühnen,
fängt Ondraschs freie Saat zu grünen an,

pocht Ondraschs alte Kraft im Blut der Lachen,
die Fessel reißt wie einst im Burgverlies.
Durchglüht vom Osten wird das Volk erwachen,
wird immer lichter sich sein Marsch entfachen
aus seiner Schächte Fron und Finsternis.

Uns: wohlvertraut die Wege und Gelände.
Und ihnen: dunkle Drohung jeder Art.
Der Dynamit in Partisanenhände!
Cäsaren, blonde, das ist euer Ende.
Wie Hasen jagt euch Ondraschs Enkel fort.

Die Volkshand kehrt euch zurück an den Maschinen,
das Werk erdröhnt, es surrt das flinke Rad,
aufs neue steigt der Rauch aus den Kaminen,
und freier Fleiß wird schön das Tal durchgrünen,
der Fleiß wie Ondrasch ihn verstanden hat.

Kein Fronen mehr für wüstes Blutvergießen,
aufblühen wird das Land, befreit vom Joch.
Aus Kohlen wird sich ein klares Licht ergießen,
und Rad und Schraube sich zum Traktor schließen
und noch ein Wagen, noch und noch.

Die Lachenfaust entspannt sich friedlich heiter
und grüßt die Völkerbrüder, fern und nah.
Der Tscheche trägt den Gruß nach Westen weiter,
der Russe hin zum kühnen Morgenstreiter,
der Serbe bis ins heiße Afrika.

Aufatmend tief nach lang erzwungnem Fronen
erglänzt der Morgen, funkelt hell die Nacht.
Zerstampft liegt unterm Sturmschritt der Millionen
das krumme Kreuz. Es sammeln die Nationen
ihr Heer zur brüderlichen Friedenswacht.

Taschkent, 1942

Hoffnung des Vertriebenen

Für Albert Schweitzer

Die Menschheit führt die Welt zur Menschlichkeit?
Gedichte Menschheitsimpulse für alle Länder?
Wir alle brauchen eine neue Zeit
des Menschheitswesen, nicht seiner Gewänder.

Reifende Menschlichkeit. Ich glaub an Dich.
Ich helfe mit trotz meiner grauen Haare.
Ich seh die Zukunft voll von Licht.
Statt Menschheitstod das All, das Wunderbare.

Das All, die Heimat, kaum erforscht - und stumm.
Geheimnisvoll für Zukunftsgenerationen.
Wir aber morden einander herum
statt friedlich zu forschen und als Nachbarn zu wohnen.

Buchara 1942

Gasse in Buchara

I.
Hochrädrig kommen Karren heimgefahren,
die Abendsonne ruht auf den Basaren.

Und Bettler ziehn vorbei, die murmelnd beten
und mit den Stöcken stampfen, wie Propheten.

Die alten Tore kreischen. Den Basar
deckt schwarz und flatternd eine Krähenschar.

II.
Ein altes Gäßchen führt in dumpfe Engen,
wo sich, wie Schränke klein, die Läden drängen.

In jedem Schränkchen bronzene Gestalten,
die bronzenes Gerät in den den Händen halten.

Im halben Dunkel, das die Enge füllt,
wird jedes Angesicht zum Rembrandtbild.

III.
Dünn tönen Klingeln, überall die gleichen,
indes die wilden Blasebalge keuchen.

Stehn überall die gleichen Becher, Schalen
und Leuchter, die in dunkler Bronze strahlen.

Und kleine Feuer flackern glutentbrannt,
und farbig blitzt ein Ring an jeder Hand.

IV.
An einen Pfeiler drücke ich die Stirne
Entsprach ein alte Traumbild meinem Hirne?

Was hat dich, Gäßchen, aus Prophetentagen
im Flug in meine Welt hereingetragen?

Hält mich ein Zauberer in seiner Macht
aus tausend und einer Märchennacht?

Buchara 1942

Hände

Durch viele Länder führten viele Wege,
bis ich begegnete den kleinen Händen,
in ihnen lese ich das Wörtchen: wir.

Durch Brand und Frost will mich das Leben treiben?
Mich werden deine Hände führen,
du wirst in jedem Liede sein.

Augen

Deine Augen fliegen herum
wie zwei unzufriedene Tauben.
Meine stillen Hände möchten sie nehmen
und ihre Flügel streicheln,
bis sie in die Mittagsbläue fliegen.
Wie werden meine Hände lächeln,
bei ihrem freien reinen Kreisen.

Moskau 1943

Ballade vom Pferde des deutschen Feldmarschalls

Für Erich Weinert

I.
Vorbei den Heilgen auf den Prager Brücken
trug dich Verfluchten ich auf meinem Rücken.

Auf morgenstillen Gassen ging's dahin
durch alte enge Tore zum Hradschin.

Ich bin ein Pferd. Nah ist mir die Natur.
So hört ich: Uns verfluchen Fluß und Flur.

Standarten klatschten herrisch über Prag.
Ich sah im Osten Schnee vor Stalingrad.

II.
Warschau. Die Ebene aus Klag und Flammen.
Nervös zogst du die Zügel da zusammen.

Jahrhunderte verröchelt Flehende Hände
zum Himmel auf, so schrien Ruinenwände.

In deinen Augen flammte Triumph und Hohn.
Ich bin ein Pferd. Ich sah wie Flammen lohn.

Schnee-Ebenen, und es streuten weite Saat
der Hunger und der Tod vor Stalingrad.

III.
Vogesen und Ardennen: Blütenschäumen.
Mein Hufschlag riß die Seine aus ihren Träumen.

Auf den Boulevards der Huren geil Getümmel.
Fanfaren stießen in den Himmel.

Im Tor tief sah ich durch gehöhlte Pfeiler
der Notre-Dame grinsend Chimärenmäuler.

Ich trug voll Grauen dich zu der Parad
und sah im Frost dich ziehn nach Stalingrad.

IV.
Rußland vom Himmel eingehüllt. Der Regen
schlägt sich durch den Herbst. Schlamm zieht sich hin statt
Wegen.

Ebne auf Ebne folgt wie Grab auf Grab.
Daß du zur Nacht siehst, brennst du Dörfer ab.

Die Flüsse eingefrorn, die Füße, bloß
der Schnee bewegt sich, tänzelnd, schwerelos.

Prag, Warschau und Paris, eine Parad.
Rußland gab Antwort dir mit Stalingrad.

Moskau 1943

Meiner Frau

Das leiseste Lied schreibe ich dir:
deiner Bescheidenheit, die mich rührt,
der Zartheit deiner kleinen Hand.
Ich kenne die Quelle meiner täglichen Kraft.

Herz mit tausend Blütenknospen.
Quelle in meiner brennenden Wüste.
Du wehrst der Glut, die mich erwürgen will.
Sturmwinde peitschen meinen Gesang.

Getaucht in den zerrissenen Tag
wissen wir beide nichts voneinander.
Doch wenn ich die Himmelsbläue erblicke,
erinnert sie mich an meine Frau,

die einzige, die mein Leben hütet,
die Früchte tragend mich zur Sonne führt.
Sie gleicht dem Himmel, wo die Zukunft leuchtet,
der niemals untergeht.

1954

Dreizahl

Lachische Muttersprache,
Linien der Lyso Hora
und die Friedecker Glocken
der Jungfrau Maria
schlagen Wellen im Herzen
seit der armseligen Wiege
und singen im Lied
durch Ostraus Rauch,
durch die Jahrhunderthlle
und umarmen
die Welt und die Sterne.

1965

Johannes Hus

Ich bin Johannes Hus.
Laß mich ein.
Teile mit mir
dein Stück trockenes Brot.

In Prag,
vor meinem steinernen Denkmal,
verbrennt man mich jeden Morgen.
Doch ich steige wieder auf
aus der Asche,
Johannes Hus,
der Ketzer, der Märtyrer,
und suche von neuem die Wahrheit,
die hinter den Mauern schweigt,
die hinter den Gittern schweigt,
die hinter den Stirnen schweigt;

und doch schreit sie nach allen nach.

Ich lasse ihn ein.
Ich lese in seinem Gesicht
das Schicksal der Wahrheitskämpfer,
den Mut der nicht zu verbrennenden
Leuchttürme
im Sturm
der Weltgeschichte.

Er setzt sich an meinen Tisch.
Ich breche mein Stück trockenes Brot in zwei Teile.
Wir sehen einander an.
Wir schweigen.
Blicke sagen mehr als Worte
in Zeiten, wo alle Wände lauschen.
Ich bereite ihm das Bett.
Ich lege mich auf den Fußboden nieder.

Ich erwache.
Er ist nicht mehr da.
Er nähert sich Prag
im Morgengrauen,
in der roten Sonne wird er auch heute verbrannt,
der unverbesserliche Sucher der Wahrheit.

Freunde,
verschließt eure Tore nicht,
er ist ohne Obdach in diesen Jahren.

Er prüft die Frucht
seines Wahrheitskampfes
in allen Häusern,
in allen Herzen,
in allen hohen Kanzleien.
Und manches Wort
der Eintagsallmächtigen
über Wahrheit,
Gerechtigkeit,
Friede,
Weltverbesserung
stockt
bei seinem bloßen Anblick.

1967

Liebeslied

Bauen wir uns eine Hütte
auf der kleinen Felseninsel
nahe den Möwen, der Sonne, den Sternen.

Mag das Meer gegen Felsen donnern,
mögen Menschen einander beißen.
Auch in Einsamkeit sind wir zufrieden.

Füll mir mit Ewigkeit Augenblick.
Wäg auf mit Gutem das Böse
und mit Stille das Getöse der Welt.

Wir werden in Armut reich sein
auf der Insel der weisen Güte
und des schöpferischen Lächelns.

1976

Anmerkungen

Die Übersetzungen stammen von

Óndra Łysohorsky selbst:	S. 11, 19, 23, 35, 36, 38, 40, 44, 50, 54, 57, 60, 61, 62, 64
Klara Blum:	S. 48 f., 51 ff., 55 f.
Rudolf Fuchs:	S. 16 f.
Franz Fühmann:	S. 27, 37, 58 f.
Rudolf Grulich:	S. 20
Walter Hart:	S. 13, 14, 15, 18, 22, 24, 25, 28, 29, 31, 32, 33, 39, 41, 42, 43, 44
Hugo Huppert:	S. 26
Erich Weinert:	S. 21, 30, 34, 45 f.
F. C. Weiskopf:	S. 12

In der Reihe „Poesis ethnica" sind noch lieferbar:

2 **Weißer Schmerz** - Mazedonische Lyrik
48 Seiten. Japanische Broschur. *DM 7.80*

6 **Tauwetter**, Regentropfen und Leuchtkäfer.
Bulgarische Lyrik der 70er Jahre.
48 Seiten. Japanische Broschur. *DM 7.80*

7 **Josef Hrubý,** Aus den Augen in die Augen. Gedichte.
78 Seiten. Japanische Broschur. *DM 9.80*

8 **Christa Jekel,** Wolken sind überall. Gedichte.
78 Seiten. *DM 9.80*

9 **Wolfgang Grulich,** Sehnsuchtsmosaik. Gedichte mit Illustrationen von Daniela Schöfberger.
48 Seiten. *DM 9.80*

10 **Lydia Scheuermann Hodak,** Marijas Bilder. Monodrama.
38 Seiten. Japanische Broschur. *DM 7.80*